Texto: María de los Ángeles Palomino
Dirección editorial: Raquel Varela
Diseño de cubierta: DCVisual
Diseño de maqueta: Imvisual Design
Ilustraciones: Miguel Ángel Sáez
Maqueta: Imvisual Design
© de esta edición enClave-ELE, 2009
ISBN: 978-84-96942-08-0
Depósito legal M-11398-2011
Impreso en España

Cualquier forma de reproducción, distribución, comunicación pública o transformación de esta obra solo puede ser realizada con la autorización de sus titulares, salvo excepción prevista por la ley. Diríjase a CEDRO (Centro Español de Derechos Reprográficos, www.cedro.org) si necesita fotocopiar o escanear algún fragmento de esta obra.

Índice

Lección 0	Nueva casa y nuevos amigos	6
Lección 1	¿Qué hora es?	8
Lección 2	El día de Alicia	10
Lección 3	Alicia y Carlota en casa	12
Lección 4	¿Qué me pongo?	14
Lección 5	Números	16
Lección 6	¿Cuánto cuesta la camiseta?	18
Lección 7	Tengo hambre	20
Lección 8	Me gusta la tarta de chocolate	22
Lección 9	La mesa	24
Lección 10	Mi barrio	26
Lección 11	¿Dónde está la piscina?	28
Lección 12	En el parque	30
Lección 13	Me gusta leer	32
Lección 14	¡Viva el deporte!	34
Lección 15	¿Qué estás haciendo?	36
Lección 16	Mis ciberamigos	38
Lección 17	Profesiones	40
Lección 18	Hace calor	42
Mi diccionario		44
Recortables		57

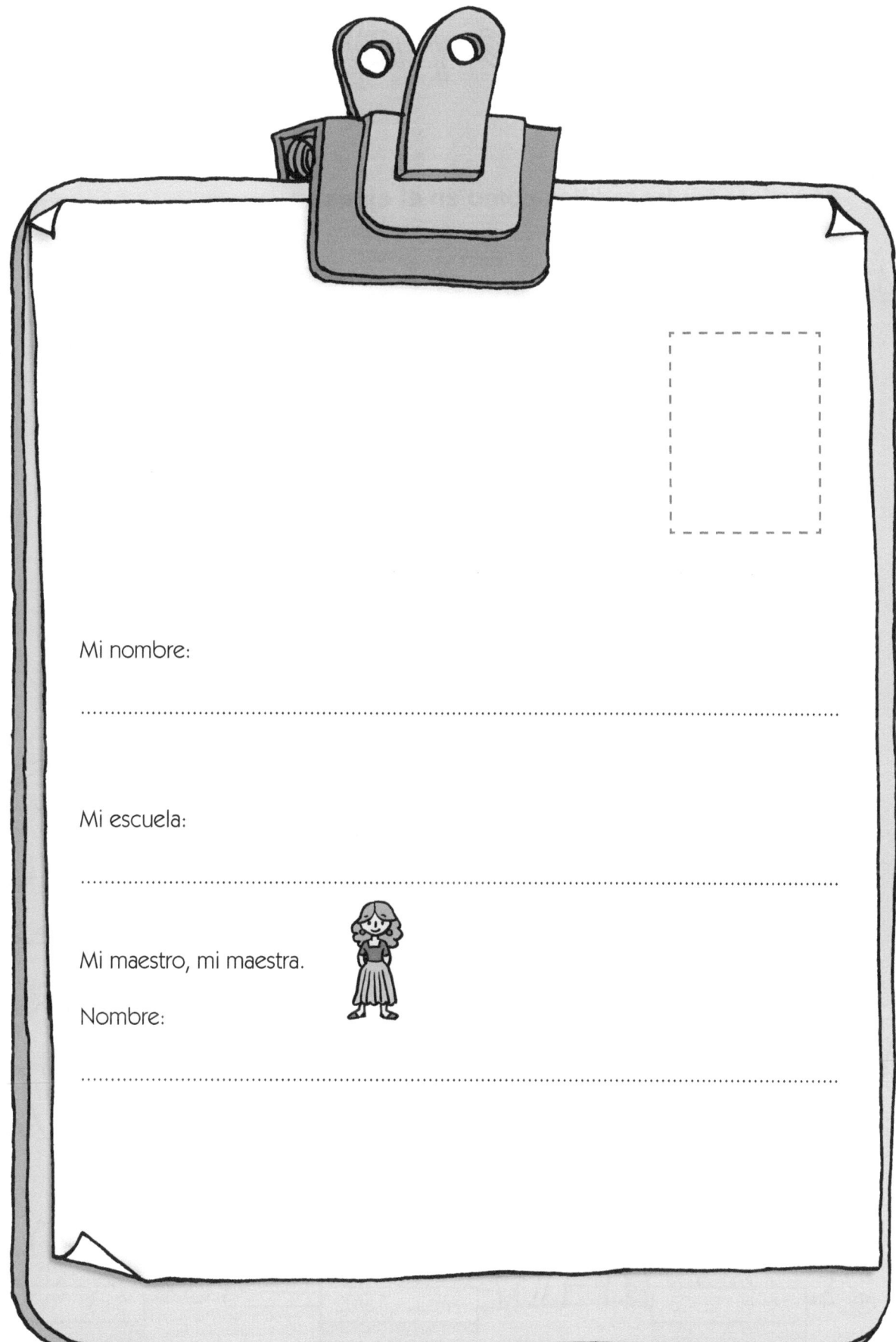

0 Nueva casa y nuevos amigos

1 Completa los bocadillos como en el ejemplo.

2 Colorea los animales.

> Me llamo María y vivo en Sevilla.
> Mi cumpleaños es el veintidós de junio.
> Tengo un perro, es marrón.

> ....
> ....
> .... es gris.

María - 22/06
Sevilla

Pablo - 13/02
Barcelona

Sara - 30/12
Alicante

¿Qué hora es?

Repaso: los números del 1 al 31

1 Escribe los números en letras o en cifras.

- 7 — siete
- 25 — veinticinco
- 9 — ...
- 17 — ...
- ... — doce
- 21 — ...
- ... — trece
- ... — dieciocho
- 22 — ...
- ... — treinta
- 19 — ...
- 11 — ...
- ... — cuatro
- ... — veintinueve

**Escribe las horas.
Dibuja las agujas.**

1. Son las ocho y diez.
2. Son las once menos cuarto.
3. ....
4. Son las doce menos cinco.
5. ....
6. Es la una y media.
7. ....
8. Son las tres y cinco.
9. ....
10. Son las nueve menos veinte.
11. ....
12. Son las cuatro menos veinticinco.

2 El día de Alicia

El día de Paulina

 **Ordena las viñetas.**

3: Me levanto.

2 **Observa los relojes de la actividad 1 y completa la conversación.**
...... = actividades ___ = horas

- ¿A qué hora te levantas?
- Me ...levanto... a las _____.
- ¿Y a qué hora te duchas?
- A las _____.
  Y me visto a las _____.
- ¿.................... con tu abuela?
- Sí, con mi abuela. Llego al cole a las _____.
- ¿Y .... a las dos y cuarto?
- Sí, como en el colegio con mis amigos.
- ¿A qué hora .... a casa?
- A las _____. Meriendo a las _____ con mi hermana y mi ....
- ¿A qué hora cenas?
- .... a las nueve con mi padre, mi .... y mi ....
- ¿A qué hora te ....?
- Me acuesto a las _____.

3 Alicia y Carlota en casa

 **Relaciona y escribe.**

	Hago	a mi gato.
	Doy de comer	mi cama.
	Hago	mi habitación.
	Quito	la compra.
	Recojo	los platos. Friego los platos.
	Preparo	la basura.
	Friego	la mesa.
	Pongo	la mesa.
	Saco	la comida.

a Completa la carta de Estefanía.

Hola, me llamo Estefanía. Todos los sábados, me levanto a las ....

Luego .... y me visto. .... A las ....

.... desayuno en la cocina con mi abuela y mi hermano y

.... a mi ...., se llama Lili y tiene dos años. A la una,

.... la comida con mi madre. Como a las ....

en el comedor con mi ...., mi ....

y mi .... Luego, ... y ....

mi habitación. A las cinco y media .... con Lili. Ceno a las ....

.... y .... a las diez menos veinte.

b Estefanía contesta «Sí.» o «No.» a las preguntas de Carlota.

Los sábados

¿Haces tu cama? Sí.

¿Desayunas con tus padres? ....

¿Haces la compra con tu madre? ....

¿Das de comer a tu tortuga? ....

¿Preparas la comida con tu padre? ....

¿Comes en el jardín? ....

¿Quitas la mesa? ....

¿Recoges tu habitación? ....

¿Friegas los platos? ....

¿Pones la mesa? ....

¿Sacas la basura? ....

¿Te acuestas a las nueve y media? ....

4 ¿Qué me pongo?

Rodea y escribe las palabras.

V	A	Q	U	E	R	O	S	G	L	E
P	R	S	O	P	V	U	F	P	E	S
A	A	F	K	X	R	U	S	E	O	D
N	E	A	L	J	O	Z	Z	T	T	E
T	I	L	U	E	B	A	C	O	A	P
A	G	D	E	R	Y	P	A	E	R	O
L	U	A	A	S	A	A	M	J	D	R
O	N	B	V	E	S	T	I	D	O	T
N	M	U	E	Y	G	O	S	O	S	I
E	O	B	O	T	A	S	E	U	J	V
S	W	C	R	A	U	N	T	I	C	A
S	U	D	A	D	E R	A	W	O	S
C	A	L	C	E	T	I	N	E	S	A

1: los vaqueros
....
....
....

14
catorce

 **Viste a los dos amigos. Dibuja flechas.**

Hola. Hoy llevo pantalones, un jersey, calcetines y deportivas.

Hola. Hoy llevo una falda, una camiseta, leotardos y botas.

5 Números

1 Completa la serie.

- treinta y seis
- treinta y nueve
- treinta y tres
- treinta
- sesenta y tres
- cuarenta y ocho
- cincuenta y uno
- setenta y cinco
- ochenta y uno
- noventa y nueve

treinta y seis, cuarenta y dos, cuarenta y cinco, cincuenta y cuatro, cincuenta y siete, sesenta, sesenta y seis, sesenta y nueve, setenta y dos, setenta y ocho, ochenta y cuatro, ochenta y siete, noventa, noventa y tres, noventa y seis.

16
dieciséis

 **Une los puntos.**

Treinta y dos, setenta y cinco, cien, cuarenta y tres, sesenta, noventa y siete, setenta y cuatro, treinta y nueve, cincuenta y ocho, sesenta, noventa y tres, ochenta y cinco, cuarenta y dos, cincuenta y nueve, noventa y uno, cuarenta, treinta y siete, sesenta y cinco, cincuenta y seis, ochenta y cuatro, sesenta y seis, cincuenta y dos, cuarenta y cuatro, treinta y tres, sesenta y dos, setenta y uno, ochenta y seís.

6 ¿Cuánto cuesta la camiseta?

 **Marca con una cruz la prenda correcta.**

una falda ancha — un jersey largo

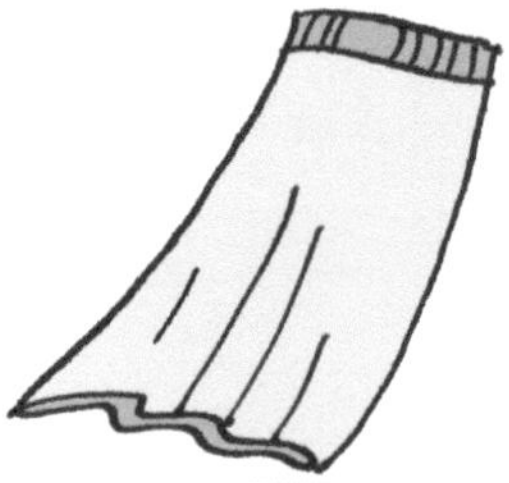

un vestido estrecho — una camiseta corta

unos pantalones de lunares — un peto de cuadros

una sudadera de rayas — unos calcetines largos de lunares

Dibuja y colorea las prendas de estos tres amigos.

Eva lleva una falda azul corta y ancha, una camiseta amarilla estrecha y larga de rayas negras, leotardos verdes de lunares grises y botas negras.

Marcos lleva pantalones marrones largos y anchos, un jersey naranja ancho de cuadros violetas y zapatos rojos.

Natalia lleva una sudadera rosa ancha y corta de lunares verdes, un peto azul ancho, deportivas blancas y una gorra violeta.

Eva

Marcos

Natalia

Completa y colorea.

un zapato azul   dos zapatos azul…….   una falda amarilla   dos faldas amarilla…..   un calcetín verde   dos calcetines verde……

una gorra gris   dos gorrras gris…….   una sudadera marrón   dos sudaderas marron…….   un vestido rojo   dos vestidos rojo…….

Tengo hambre

a Completa las palabras.
Relaciona con una flecha las palabras y los dibujos.

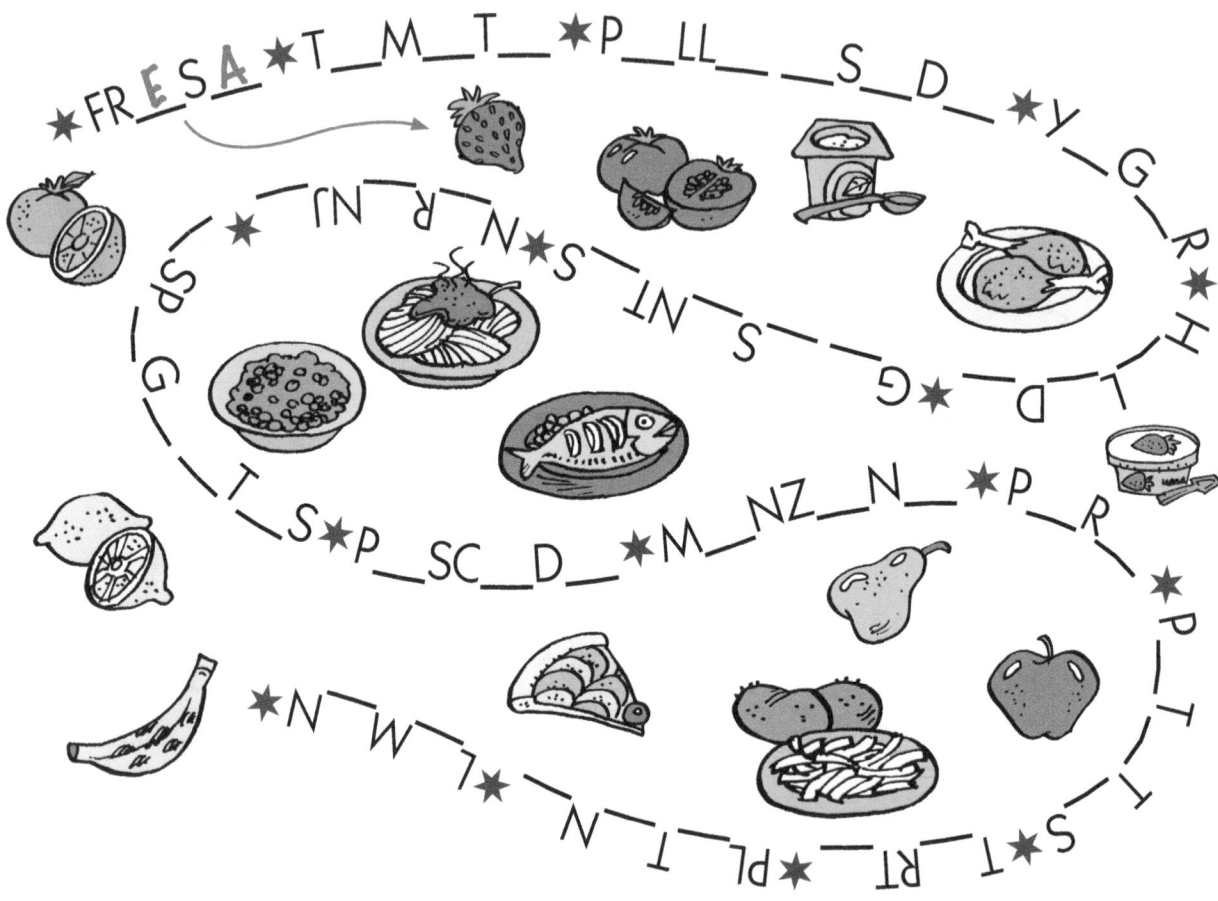

b Clasifica las palabras.

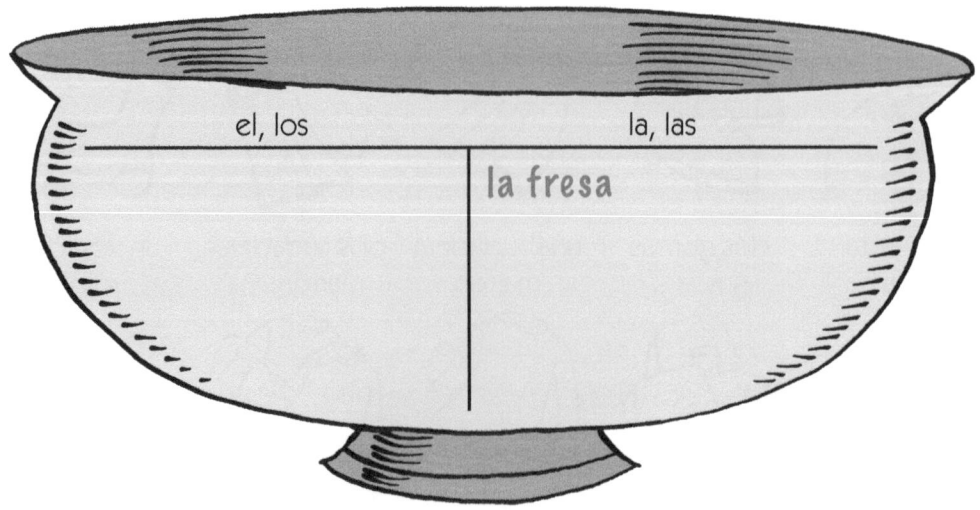

el, los	la, las
	la fresa

a Completa el menú: escribe los nombres.

PRIMEROS PLATOS
- S O P A
- _____
- Tomates

SEGUNDOS PLATOS
- _____ con guisantes
- _____ _____ con _____

POSTRES
- _____
- _____
- _____
- Manzana
- Pera
- _____

b Completa la conversación.

¿Qué ...hora... es?

hambre ✗ hora yogur segundo diez comer
manzana primero Son postre guisantes

.... las dos menos ....

¡Tengo ....!

¿Qué quieres ....?

De .... quiero jamón.

¿Y de ....?

Un filete con ....
Y de postre...

¿Una ....?

No, de ....
quiero un ....

8 Me gusta la tarta de chocolate

 **Coloca los alimentos con flechas.**

- La tarta de chocolate está sobre las peras.
- Las galletas están sobre la nevera, a la izquierda.
- El queso está a la izquierda de los limones.
- La pizza está sobre los tomates.
- El chocolate está sobre la nevera, a la derecha.
- Las salchichas están debajo de los yogures.
- Las cerezas están debajo de las salchichas.
- La leche está en la puerta de la nevera.
- Los caramelos están entre el chocolate y las galletas.
- El jamón está entre los tomates y el pollo asado.

La nevera

a Completa con "gusta" o "gustan".
b Escribe los números en las bandejas.
c Completa el bocadillo de Andrea.

① Me .... los tomates, me .... el queso, me .... la leche, me .... las galletas y me .... los plátanos.

② Me .... la pizza, me .... las salchichas, me .... los yogures y me .... las fresas.

③ Me .... los tomates, me .... el pollo asado, me .... el queso, me .... las cerezas y me .... los caramelos.

④ Me .... los espaguetis, me .... las salchichas, me .... la tarta y me .... los plátanos.

⑤ ....
....
....
....

9 La mesa

 **Une con una flecha y dibuja.**

el mantel •

la servilleta •

el plato •

el vaso •

el pan •

la botella de agua •

el tenedor •

el cuchillo •

la cuchara •

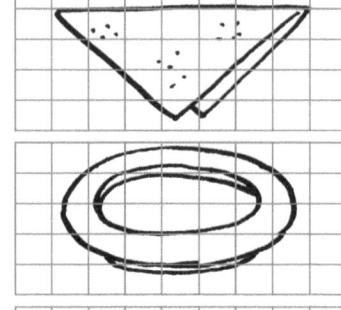
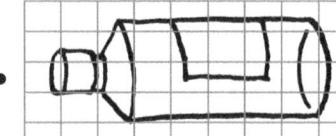
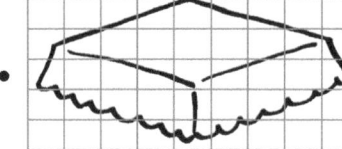
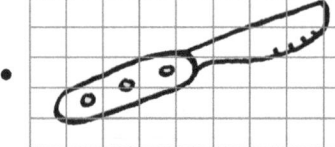

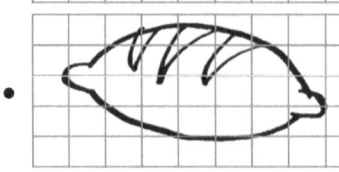

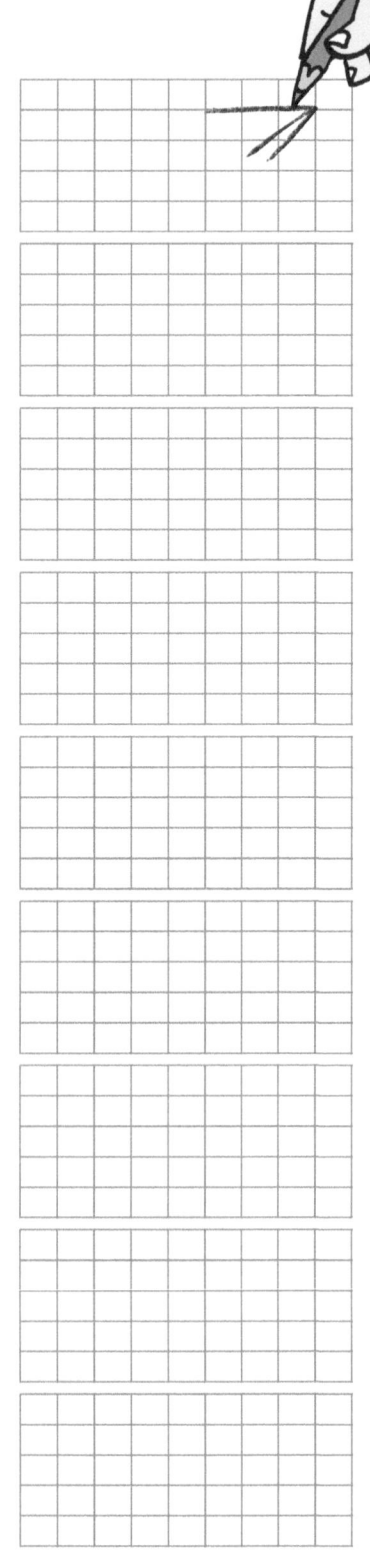

**Pon la mesa.
Dibuja los objetos de la actividad 1.**

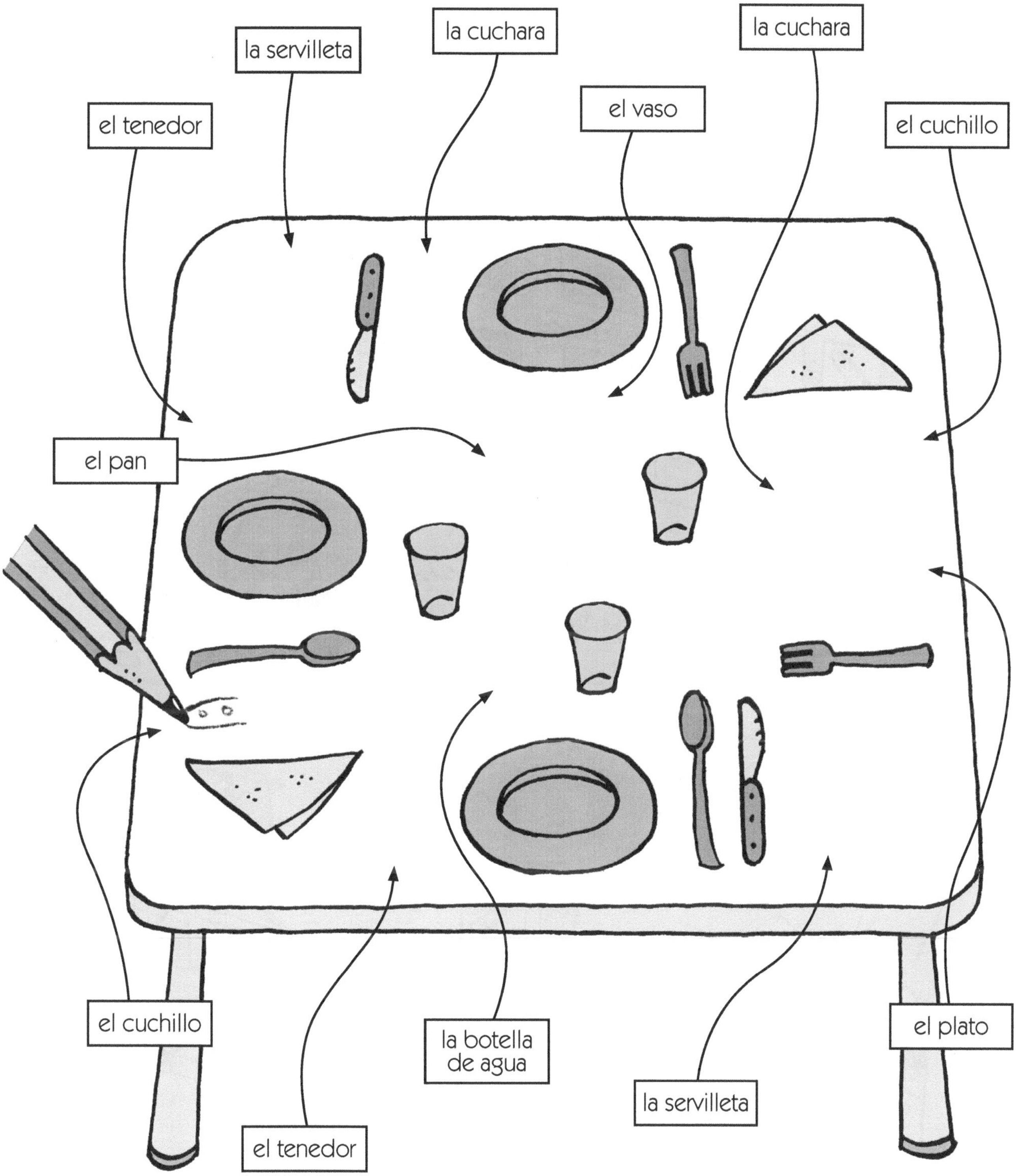

la servilleta

la cuchara

la cuchara

el tenedor

el vaso

el cuchillo

el pan

el cuchillo

la botella de agua

la servilleta

el plato

el tenedor

10 Mi barrio

En el barrio de Manuel hay ① un parque.

11 ¿Dónde está la piscina?

Sigue las instrucciones y traza el camino en el plano. Observa los comercios y completa el texto.

Sigue recto y gira la primera a la derecha y compra un .... león ....
en la tienda de juguetes. Gira la segunda a la izquierda, cruza la plaza y compra una
.... en la tienda de ropa. Gira la primera a la derecha y la primera
a la izquierda. Compra .... en la zapatería y ....
en la panadería. Gira la primera a la derecha y compra un ....
en la librería y cuatro .... en la frutería. Gira a la derecha y compra
.... en la tienda de golosinas.

Calcula el precio total.

12 En el parque

1 Escribe los nombres.

la acera

2 Encuentra:

✗ una rana   un perro   el número cuarenta y dos   una tortuga

una gorra   una botella de agua   un plátano   una mochila   un pez

una pelota   una muñeca   una cometa

13 Me gusta leer

1 Cuenta y escribe el nombre de las actividades.

montar en bici

33
treinta y tres

14 ¡Viva el deporte!

1 Completa el crucigrama.

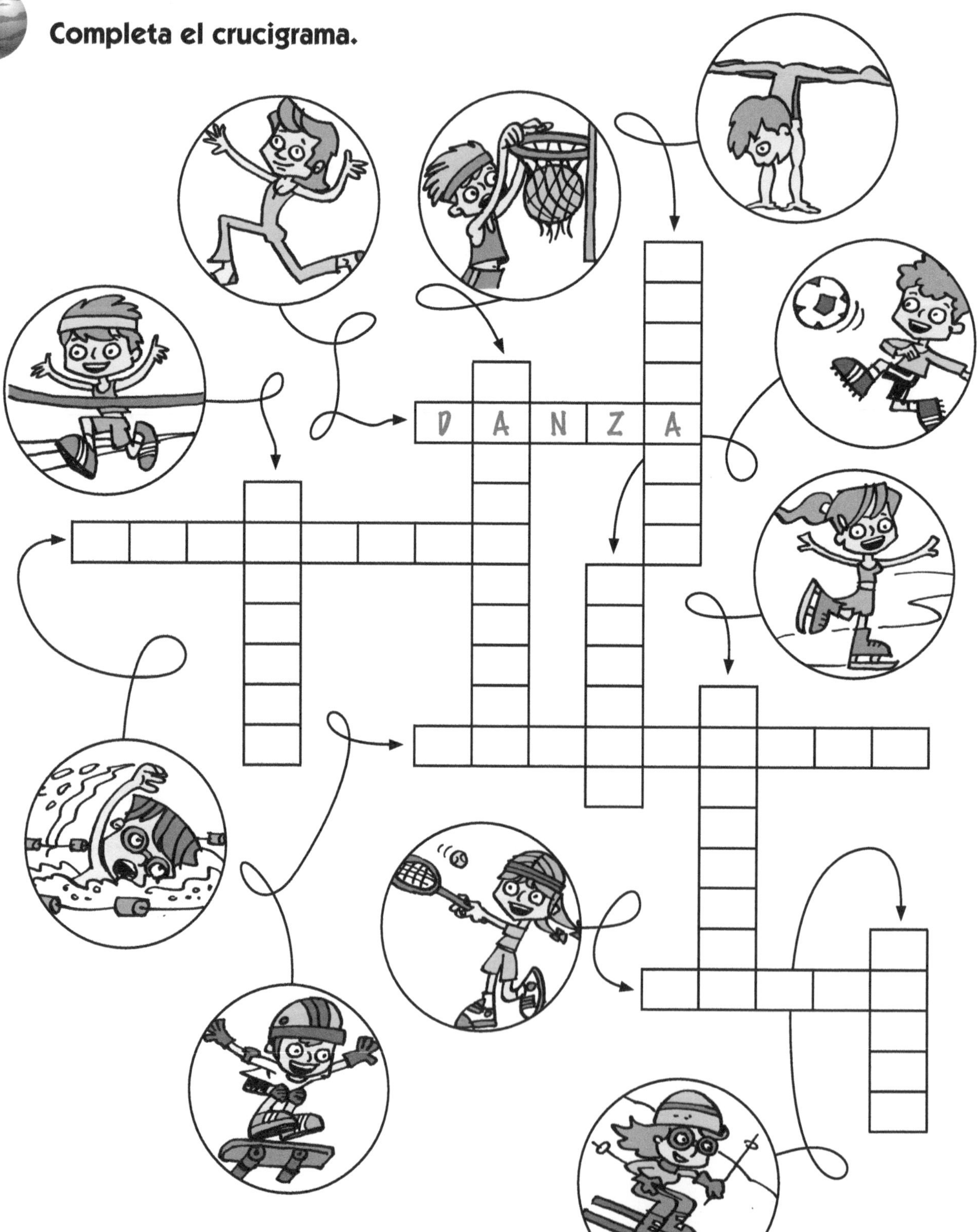

D A N Z A

 **Observa la ilustración y completa el diálogo con los verbos de la lista.**

es   bailas   Esquío   monto   ✗gusta   corro
nado   voy   juego   está   sé   gusta

- ¿Te ….**gusta**……. el tenis?
- No, ……………… muy mal al tenis. Me gusta el monopatín, ……………… en monopatín en el parque con mi amiga Elena todos los miércoles.
- ¿Te gusta la carrera?
- No, no me gusta, ……………… muy mal.
- ¿Y la gimnasia?
- Sí, la gimnasia ……………… mi deporte favorito.
- ¿Te ……………… la natación?
- Sí, y ……………… muy bien. Voy a la piscina todos los sábados con Alberto. La piscina ……………… al lado del parque, es muy grande. No me gusta la danza.
- ¿No ……………… bien?
- ¡Bailo muy mal! Me gusta mucho el esquí y ……………… esquiar muy bien. ……………… en los Pirineos con mi padre y mi hermano.
- ¿Te gusta montar en bici?
- Sí, mucho. Todos los días ……………… al colegio en bici con mi hermana.

15 ¿Qué estás haciendo?

 **¿Quién es? Escribe los números.**

- Está escribiendo. ....4....
- Está saltando a la comba. ....
- Está corriendo. ....
- Está comiendo una manzana. ....
- Está dibujando. ....
- Está escuchando música. ....
- Está jugando con los videojuegos. ....
- Está paseando. ....
- Está montando en bici. ....
- Esta jugando al tenis. ....

2 ¿Qué está haciendo?

- El personaje número 2   Está jugando al baloncesto.
- El personaje número 5
- El personaje número 6
- El personaje número 7
- El personaje número 10
- El personaje número 12
- El personaje número 13
- El personaje número 16

16 Mis ciberamigos

Escribe los nombres en el mapa.

- H _ _ _ _ _ _ _ S
- ② C _ _ A
- R _ _ _ _ _ _ A
- D _ _ _ _ _ _ _ _ A
- ① M _ _ _ _ _ O
- V _ _ _ _ _ _ _ A ③
- G _ _ _ _ _ _ _ A
- P _ _ _ _ O
- R _ _ O
- EL S _ _ _ _ _ _ R
- P _ _ _ _ Á
- N _ _ _ _ _ _ A
- C _ _ _ A R _ _ A
- ④ C _ _ _ _ _ _ A
- ⑤ E _ _ _ _ R
- ⑥ P _ _ Ú
- ⑦ B _ _ _ _ _ A
- P _ _ _ _ _ _ y
- U _ _ _ _ _ y
- ⑧ C _ _ _ E
- A _ _ _ _ _ _ A ⑨

Argentina   Bolivia   Chile   Colombia   Costa Rica   Cuba   Ecuador   Guatemala
Honduras   México   Nicaragua   Panamá   Paraguay   Perú   Puerto Rico
República Dominicana   El Salvador   Uruguay   Venezuela

**Observa los números en el mapa de la actividad 1.
Completa las frases con el nombre de la nacionalidad y de la capital del país.**

1. Hola me llamo María. Soy ......mexicana...... y vivo en ......México.......

2. Hola me llamo Arturo. Soy .... y vivo en ....

3. Hola me llamo Beatriz. Soy .... y vivo en ....

4. Hola me llamo María. Soy .... y vivo en ....

5. Hola me llamo Emilia. Soy .... y vivo en ....

6. Hola me llamo Carmen. Soy .... y vivo en ....

7. Hola me llamo Pablo. Soy .... y vivo en ....

8. Hola me llamo José. Soy .... y vivo en ....

9. Hola me llamo Fernando. Soy .... y vivo en ....

17 Profesiones

Indica el disfraz de cada amigo.

1. Sandra va disfrazada de ......dependienta......
2. Hugo va disfrazado de ....
3. Andrés va disfrazado de ....
4. Julia va disfrazada de ....
5. Juliana va ....
6. Pablo va ....
7. Beatriz va ....
8. Carolina ....
9. Cristina ....
10. Carlos ....
11. Silvia ....
12. Tomás ....

Escribe el masculino (M) y el femenino (F) de los nombres de la actividad 1.

1. M: el dependiente — F: la dependienta
2. M: — F:
3. M: — F:
4. M: — F:
5. M: — F:
6. M: — F:
7. M: — F:
8. M: — F:
9. M: — F:
10. M: — F:
11. M: — F:
12. M: — F:

41
cuarenta y uno

18 Hace calor

 **Observa, completa y relaciona.**

① Hace s_o_l.

② Hace b___n_.

③ Hace c_l_r.

④ Hace fr___.

⑤ Hace v___nt_.

⑥ Está ll_v___nd_.

⑦ Está n_v_nd_.

⑧ Está n_bl_d_.

⑨ Hay n___bl_.

⑩ Hay t_rm_nt_.

 **Dibuja el tiempo en el mapa, como en el modelo.**

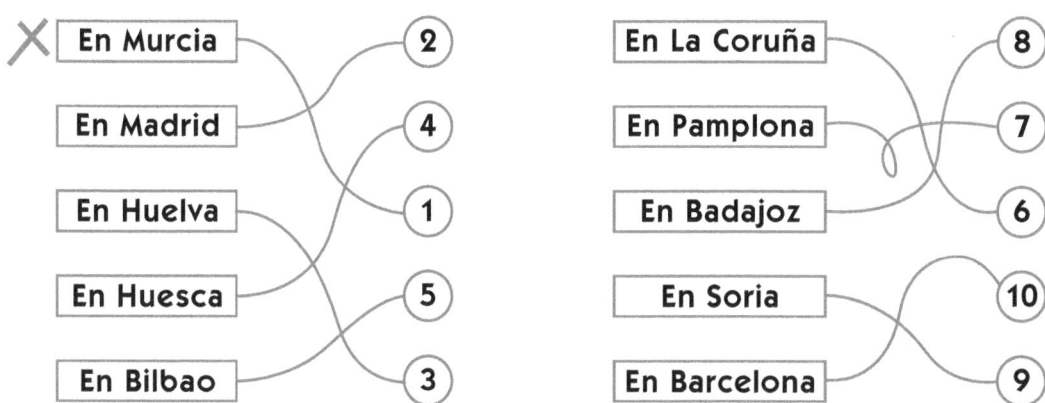

¿Qué tiempo hace?

Mi diccionario

Páginas: 57-63

Lección 1

¿Qué hora es?
....
Es la una y media.
....
Son las dos y cuarto.
....
Son las siete y veinte.
....
Tengo sueño.
....
el reloj
....

Lección 2

¿A qué hora te levantas?
....
Me levanto.
....
Me ducho.
....

Me visto.
....

Desayuno.
....

Llego al colegio.
....

Como en el comedor del colegio.
....

Vuelvo a casa.
....

Meriendo.
....

Ceno.
....

Me acuesto.
....

Lección 3

¿Qué haces en casa?
....
Hago la compra.
....
Saco la basura.
....
Quito la mesa.
....
Recojo mi habitación.
....

Preparo la comida.

....

Doy de comer a mi gato.

....

Hago mi cama.

....

Friego los platos.

....

Pongo la mesa.

....

Estoy muy cansado.

....

Lección 4

¿Qué llevas hoy?

....

Hoy llevo vaqueros.

....

las botas

....

los calcetines

....

la camiseta

....

las deportivas

....

la falda

....

el jersey

....

los leotardos

....

los pantalones

....

el peto

....

la sudadera

....

los vaqueros

....

el vestido

....

los zapatos

Lección 5

los números

diez

veinte

treinta

cuarenta

cincuenta

sesenta

setenta

ochenta

noventa

cien

Lección 6

¿Cuánto cuesta la camiseta?

Cuesta diez euros.

de cuadros

de lunares

de rayas

un jersey ancho

una camiseta ancha

un jersey estrecho

una camiseta estrecha

un jersey largo

una camiseta larga

un jersey corto

una camiseta corta

la fiesta de cumpleaños

¡Feliz cumpleaños!

los colores

Colorea.

amarillo   azul   blanco

gris   marrón   naranja

negro   rojo   rosa

verde   violeta

Lección 7

Tengo hambre.

¿Qué quieres comer?

De primero quiero...

De segundo quiero...

Y de postre quiero...

los espaguetis

el filete

la fresa

los guisantes

el helado

el jamón

las judías verdes

Lección 8

Me gusta la tarta.

No me gusta el limón.

el limón

el plátano

la manzana

el pollo asado

los caramelos

la naranja

la sopa

las cerezas

las patatas

la tarta

el chocolate

la pera

el tomate

las galletas

el pescado

el yogur

la leche

el pan

la pizza

el queso

las salchichas

la tarta de chocolate

Lección 9

la botella de agua

la cuchara

el cuchillo

el mantel

la mesa

el plato

la servilleta

el tenedor

el vaso

el zumo de naranja

Lección 10

el barrio

la calle

la plaza

la biblioteca

la carnicería

Lección 11

el colegio

la fruterìa

el hospital

la librería

la panadería

el parque

la peluquería

la piscina

la tienda de golosinas

la tienda de juguetes

la tienda de ropa

la zapatería

¿Dónde está la piscina?
....

Sigue recto.
....

Cruza la plaza.
....

Gira la primera a la derecha.
....

Gira la segunda a la izquierda.
....

Gira la tercera a la derecha.
....

Lección 12

la acera

....

el árbol

....

el autobús

....

el banco

....

la bici

....

el buzón

....

el coche

....

las flores

....

la fuente

....

el lago

....

la parada de autobús

....

el paso de cebra

....

el semáforo

....

Lección 13

¿Cuáles son tus actividades preferidas?

....

bailar

....

dibujar

....

escuchar música

....

ir al cine

....

ir al zoo

....

jugar con los videojuegos

....

Lección 14

leer

montar en bici

nadar

pasear

patinar

ver la tele

los deportes

¿Cuál es tu deporte favorito?

el baloncesto

la carrera

la danza

el esquí

el fútbol

la gimnasia

el monopatín

la natación

el patinaje

el tenis

¿Sabes patinar?

No sé patinar.

Bailo.

Corro.

....

Esquío.

....

Juego al tenis.

....

Nado.

....

Patino.

....

Salto.

....

Lección 15

¿Qué estás haciendo?

....

[ ]

Estoy bailando.

....

[ ]

Estoy bebiendo zumo de naranja.

....

....

[ ]

Estoy cantando.

....

[ ]

Estoy leyendo.

....

[ ]

Estoy preparando la comida.

....

[ ]

Estoy tocando la guitarra.

....

[ ]

Estoy viendo la tele.

....

Lección 16

¿Te gusta chatear?

....

¿Tienes ciberamigos?

....

Argentina

....

Bolivia

....

Chile

....

Colombia

....

Cuba

....

Ecuador

....

México

....

Perú

....

Venezuela

....

argentino, argentina

....

boliviano, boliviana

....

chileno, chilena

....

colombiano, colombiana

....

cubano, cubana

....

ecuatoriano, ecuatoriana

....

mexicano, mexicana

....

peruano, peruana

....

venezolano, venezolana

....

Lección 17

las profesiones

....

Lección 18

¿Qué tiempo hace?

el bombero, la bombera

el camarero, la camarera

el dentista, la dentista

el dependiente, la dependienta

el enfermero, la enfermera

el fotógrafo, la fotógrafa

el informático, la informática

el maestro, la maestra

el panadero, la panadera

el peluquero, la peluquera

el taxista, la taxista

el veterinario, la veterinaria

Hace bueno.

Hace calor.

Hace frío.

Hace sol.

Hace viento.

Está lloviendo.

....

Está nevando.

....

Está nublado.

....

Hay niebla.

....

Hay tormenta.

....

Recortables

| 10 | 20 | 30 | 40 | 50 |
| 60 | 70 | 80 | 90 | 100 |